Lösungen zu den Fragen der Lese-Rallyes
findest du auf Seite 48.

Das Nachwort für Eltern schließt sich hieran an.

Bibliografische Information der Deutschen Nationalbibliothek
Die Deutsche Nationalbibliothek verzeichnet diese Publikation in der Deutschen Nationalbibliografie; detaillierte bibliografische Daten sind im Internet über http://dnb.d-nb.de abrufbar.

Dieses Werk folgt der neuesten Rechtschreibung und Zeichensetzung.

Auflage 3 2 1 | 2012 2011 2010
Die letzten Zahlen bezeichnen jeweils die Auflage und das Jahr des letzten Druckes.

www.diekleinenlesedrachen.de
Gruner + Jahr AG & Co KG, Hamburg
GEOlino ist eine Marke der Gruner + Jahr AG & Co KG
Teamleiterin Lernhilfen Grundschule: Susanne Schulz
Konzeption: Salomé Dick, Berlin
Redaktion: Jette Maasch
Umschlaggestaltung und Layout: Sabine Krohberger Grafikdesign, München
Umschlagillustration: Angela Holzmann, München
Leitfiguren Drachen: Thomas Thiemeyer, Stuttgart
Satz: Noch & Noch GbR, Menden
Druck: G. Canale & C. S.p.A., Turin
Printed in Italy
ISBN 978-3-12-949021-1

DIE KLEINEN LESEDRACHEN

Tor für Leon und Lea

Ulli Schubert
mit Bildern von Angela Holzmann

3. Schuljahr

Klett Lerntraining

Überraschung am Frühstückstisch

Bei Leon zu Hause geschah an jedem Morgen dasselbe. Mama wuselte im Morgenrock in der Küche hin und her, kochte Kaffee und Kakao

und schmierte die Pausenbrote. Papa versteckte sich hinter seiner Zeitung. Die holte er immer gleich nach dem Aufstehen aus dem Briefkasten. Und Leon war so früh am Morgen immer noch ein bisschen müde und kaute lustlos auf seinem Brot herum, das mit Erdbeermarmelade bestrichen war.
Langweilig!

Doch an diesem Tag war Leon plötzlich hellwach. Papa blätterte seine Zeitung um, und als wäre er mit leuchtenden Neonfarben umrahmt, sprang Leon sofort ein Artikel mit einer sehr aufregenden Überschrift ins Auge:
Fußballturnier für alle 4. Klassen!

Leon liebte Fußball über alles, und er ging in die 4. Klasse! Er riss seinem Vater die Zeitung aus der Hand. Der war so perplex, dass er nicht einmal protestierte.
Leon machte sich sofort über den Artikel her. Er verschlang ihn fast mit den Augen! Einmal, zweimal, dreimal las er den gesamten Text durch, bis es Papa zu bunt wurde.
„Ohne Zeitung kann ich nicht frühstücken, ohne Frühstück kann ich nicht vernünftig arbeiten, wenn ich nicht vernünftig arbeite, bekomme ich kein Geld und ohne Geld kann ich mir keine Zeitung kaufen! Verstehst du das Problem?“, fragte Papa und wollte die Zeitung zurückhaben.

Leon rückte sie freiwillig wieder raus. Vorher riss er aber noch schnell den Artikel aus der Zeitung aus. Papa schimpfte empört, doch Leon hörte ihm gar nicht richtig zu. In seinen Gedanken war er nämlich ganz woanders. So schnell wie noch nie in seinem Leben schlang er das Marmeladenbrot hinunter, faltete den ausgerissenen Zeitungsartikel, stopfte ihn in seine Tasche und lief zur Schule. Doch obwohl er sich sehr beeilte, war Leon nicht der Erste auf dem Schulhof. Moritz, sein allerbester Freund, wartete bereits auf dem Schulsportplatz auf ihn. Zusammen mit Alex, Pascal, Tim, Enrico, Felix, Ökmen, Lukas, Max und Kadir – also allen Jungs aus der 4b!

„Na endlich!“, rief Moritz ihm entgegen. „Beeil dich, bis zur ersten Stunde können wir noch zehn Minuten spielen!“

„Nein!“, rief Leon zurück. „Kommt mal alle her, ich muss euch etwas zeigen!“

Zögernd liefen alle zum Kapitän der Klassenmannschaft, der an der Seitenlinie auf sie wartete. Alle, außer Tim und Alex.

„Können wir das nicht gleich im Unterricht besprechen?“, maulte Tim.

„Genau! Was kann so wichtig sein, dass wir dafür auf unser Fußballspiel verzichten?!“, beschwerte sich Alex.

„Kommt her, dann werdet ihr es sehen!“, sagte Leon. Er wartete, bis die beiden tatsächlich etwas näher gekommen waren, holte dann den Zeitungsartikel aus der Hosentasche und las ihn laut vor.

„Ein Turnier, super!“, jubelte Moritz.

„Dabei müssen wir unbedingt mitmachen“, meinte Enrico begeistert, und auch Tim und Alex murrten nicht mehr über die verpassten Fußballminuten vor der Mathestunde.

„Was gibt es denn zu gewinnen?“, wollte Alex wissen. „Einen Pokal?“
„Ich habe mal von einem Wettbewerb gehört, da gab es als ersten Preis eine Klassenreise zu gewinnen“, sagte Enrico.
„Oh ja, das wär ein cooler Preis!“, sagte Kadir.

„Aber nur, wenn wir die Mädchen nicht mitnehmen müssen“, schränkte Felix ein.
„Von mir aus können die ruhig mitkommen“, meinte Pascal. „Irgendjemand muss ja abwaschen und unsere Zimmer aufräumen!“
Die Jungs lachten, bis Ökmen sich zu Wort meldete.

„Man soll das Fell des Bären nicht verteilen, bevor man ihn erlegt hat“, sagte er. „Altes anatolisches Sprichwort.“
„Aus Anatolien, na klar“, kicherte Moritz.

„Und was soll das heißen?“, fragte Tim.
„Dass wir erst einmal darüber abstimmen müssen, ob wir bei dem Turnier überhaupt mitmachen wollen“, sagte Ökmen.
„Na, das ist doch wohl klar!“, rief Enrico.
„Wer ist dafür?“
Elf Hände flogen in die Höhe.
„Na also“, sagte Enrico zufrieden.
„Wir melden uns an. Wann ist das Turnier?“
„Das geht über Wochen“, erklärte Leon, der inzwischen den Zeitungsartikel auswendig kannte. „Wir müssen erst die Vorrunde überstehen, danach eine Zwischenrunde und am Ende das Endspiel des eigentlichen Turniers gewinnen.“
„Seht ihr, das habe ich gemeint“, sagte Ökmen. „Und noch eine Kleinigkeit: Müssen wir nicht Herrn Kolb um Erlaubnis fragen?“
„Ja“, sagte Leon. „Aber das ist doch eine reine Formsache.“
Wie sehr man sich doch täuschen kann …!

Lese-Rallye: Teil 1

Welchen Brotaufstrich kann Leon nicht mehr sehen?

- ☐ Nutella
- ☐ Erdbeermarmelade
- ☐ Streichkäse

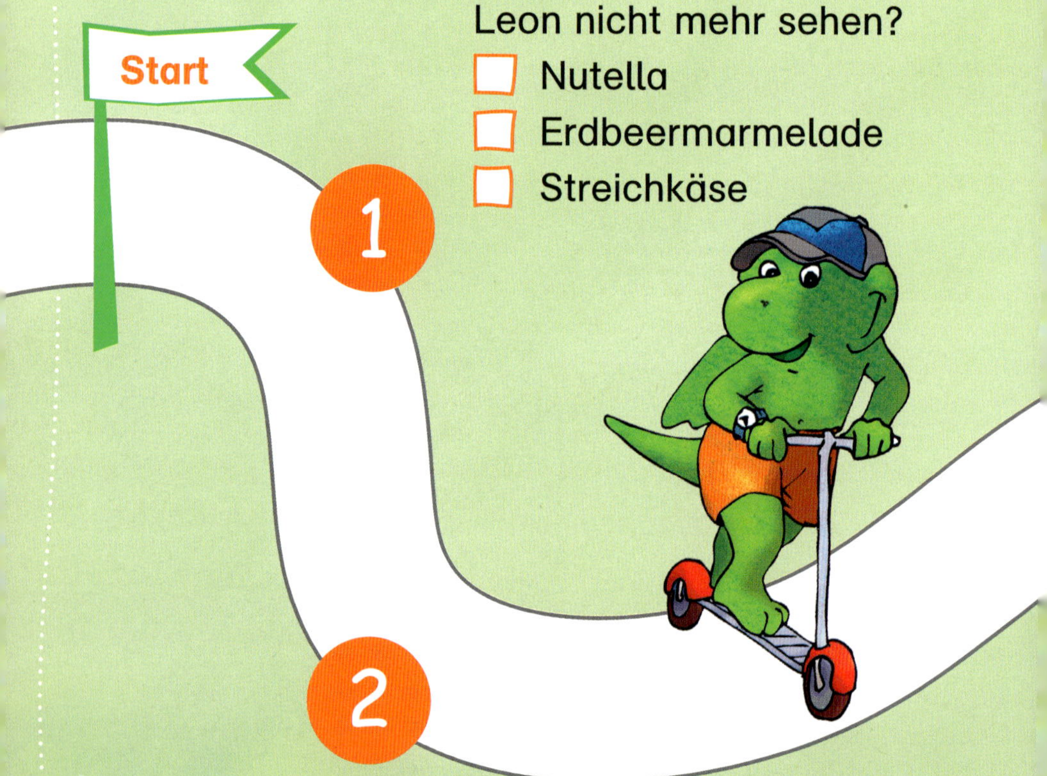

Warum wird der Vater ungeduldig?

- ☐ weil er ohne Zeitung nicht arbeiten kann
- ☐ weil er ohne Zeitung kein Geld verdienen kann
- ☐ weil er ohne Zeitung nicht frühstücken kann

Was ist mit dem „Fell des Bären“ gemeint?

☐ der Trostpreis des Turniers

☐ der erste Preis des Turniers

☐ das Turnier

3

Was kann Leon auf keinen Fall verschlingen?

☐ das Marmeladenbrot

☐ den Artikel

☐ den Fußball

Das „Jungs-Mädchen-Problem“

In der ersten großen Pause ging Leon zu Herrn Kolb, dem Schulleiter, um ihn zu fragen, ob die 4b die Schule bei dem großen Fußballturnier vertreten dürfe. Die anderen Jungs warteten gespannt auf dem Schulsportplatz auf ihn. Doch als sie sahen, wie ihr Spielführer den Schulhof langsam und schleppend überquerte, ahnten sie bereits, dass das Gespräch doch nicht so einfach verlaufen war, wie alle gedacht hatten.
„Es gibt Probleme“, sagte Leon prompt, als er endlich bei der Mannschaft angekommen war. „Die 4a hat auch von dem Turnier erfahren und will ebenfalls mitmachen.“
„Na und? Dann machen wir eben ein Entscheidungsspiel gegen sie“, sagte Tim und machte ein wegwerfende Handbewegung. „Die Luschen hauen wir doch weg!“
„Das hab ich Herrn Kolb auch vorgeschlagen, und er ist einverstanden“, sagte Leon.

„Das Spiel ist am Freitag."
„Also übermorgen", stellte Pascal fest.
„Dann sollten wir aber schnellstens anfangen zu trainieren."

Die Jungs sprangen auf, um den Rest der Pause dafür zu nutzen, doch Leon bremste sie.
„Das war noch nicht alles", sagte er und traute sich kaum, weiterzusprechen.
„Was denn?", drängte Alex.
Leon gab sich einen Ruck.
„Die Mädchen müssen auch mitmachen", erklärte er. „In den Regeln steht, dass in jeder Mannschaft mindestens drei Mädchen mitspielen müssen! Und zwar während der gesamten Spielzeit, nicht erst kurz vor Schluss oder wenn es schon 5:0 steht."

Für einen Augenblick herrschte atemlose Stille auf dem Fußballplatz, doch dann brach es aus den Jungs heraus. Und zwar geballt!
„Das darf doch wohl nicht wahr sein!“ – „Wer denkt sich denn so einen Schwachsinn aus?!“ – „Dann spiele ich nicht mit!“ – „Mädchen haben doch keine Ahnung von Fußball!“ – „Genau! Die sind viel zu weich dafür!“ – „Die haben Angst vor dem Ball!“
Minutenlang schimpften die Jungs der 4b vor sich hin.

„Und was machen wir jetzt?“, fragte Leon, nachdem sich alle wieder etwas beruhigt hatten. „Aufgeben?“
Die meisten Jungs nickten. Die Lust am Fußball war ihnen vergangen. Und an dem Turnier sowieso. Zusammen mit Mädchen machte das doch eh keinen Spaß!

Aber nicht alle Jungs dachten so.
„Einige Mädchen aus unserer Klasse spielen gar nicht so schlecht“, sagte Max.
„Woher weißt du das denn?“, fragte Felix und grinste hinterhältig.
„Sie spielen bei mir im Verein“, sagte Max.
„Guckst du etwa Mädchen-Fußball?“, fragte Felix entsetzt.
Doch Max ließ sich nicht provozieren.
„Manchmal“, sagte er ruhig. „Wenn sie nach uns spielen.“

Es läutete zur nächsten Stunde.
„Und was machen wir jetzt?“, fragte Leon.
„Ich bin dafür, das im Unterricht zu besprechen“, sagte Tim.
Alle stöhnten auf, weil Tim immer alles am liebsten im Unterricht besprechen würde, damit der Unterricht ausfiel!

„Diesmal meine ich es ernst“, sagte Tim.
„Wir müssen die Mädchen doch sowieso fragen, ob sie überhaupt mitmachen wollen. Also sollten sie darüber auch mitentscheiden.“

„Wieso sollten sie nicht mitmachen wollen?“, fragte Felix. „Die werden begeistert sein!“
„Da wäre ich mir nicht so sicher“, sagte Max – und er behielt recht!

Die Mädchen schrien genauso entsetzt durcheinander wie die Jungs ein paar Minuten zuvor auf dem Fußballplatz.
„Niemals!" – „Ich spiel doch nicht mit Jungs!" – „Die sind immer viel zu brutal!" – „Genau! Immer erst in die Knochen und dann gegen den Ball!" – „Von Technik haben die doch null Ahnung!" – „Grätschen, grätschen, grätschen! Jungs können immer nur grätschen!"

Frau Balke, die Klassenlehrerin, hörte sich den Trubel ein paar Augenblicke an. Sie hatte den Jungs zehn Minuten ihrer Stunde zugebilligt, um mit den Mädchen über das Fußballturnier sprechen zu können. Aber so einen Lärm musste sie sich nicht gefallen lassen.
Sie steckte zwei Finger in den Mund und ließ einen extrem lauten, langgezogenen Pfiff ertönen.

Schlagartig herrschte Ruhe im Klassenraum.
„Wow!“, sagte Kadir beeindruckt. In seinen Ohren klingelte es immer noch. „Wo haben Sie das denn gelernt?“
„Mein Vater war bei der Bahn“, sagte Frau Balke – und schaute plötzlich in 24 Gesichter, die sie alle fragend ansahen.
„Es sollte ein Scherz sein“, erklärte die Lehrerin.
„Weil die Schaffner auf den Bahnhöfen doch immer so laut pfeifen.“

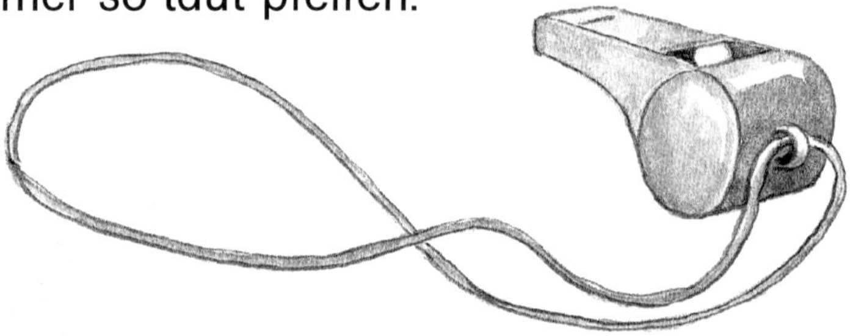

„Die heißen Aufsichtsbeamte oder Zugführer“, sagte Lea, die Klassensprecherin, deren Vater tatsächlich bei der Bahn arbeitete. „Aber die pfeifen nicht auf zwei Fingern.“
„Eben“, sagte Frau Balke und gab es auf.
„Ich hätte wohl besser sagen sollen, dass mein Vater Schiedsrichter war.“
Doch damit lag sie komplett daneben.

„Buh!“, riefen ein paar Jungs, und Enrico, Lukas und Max sangen: „Schiri, wir wissen wo dein Auto steht …!“
Frau Balke brachte sie zum Schweigen.
„Zurück zum Thema“, sagte sie. „Offenbar gibt es in meiner Klasse ein Jungs-Mädchen-Problem, von dem ich noch gar nichts gewusst habe. Mir wäre es lieb, wenn ihr das klären könntet und zwar möglichst bald. Ich wäre nämlich sehr stolz, wenn meine Klasse unsere Schule bei dem Fußballturnier vertreten würde. Ihr habt eine Stunde Zeit!“
Mit diesen Worten nahm sie ihre Tasche und ließ die Klasse allein.
Sie hatte die Tür kaum hinter sich geschlossen, da brach auch schon das Geschrei los. Die Jungs gegen die Mädchen, Mädchen gegen Jungs, jeder gegen jeden!
Am Ende der Stunde beruhigten sich aber alle wieder, und Leon als Mannschaftskapitän und Lea als Klassensprecherin schlugen vor, dass alle am Nachmittag zum Schulsportplatz kommen sollten. Zum ersten Training!

Lese-Rallye: Teil 2

1

Wie viele Mädchen müssen den Regeln nach bei dem Turnierspiel mindestens auf dem Platz sein?

- [ ] drei
- [ ] fünf
- [ ] sechs

2

An welchem Wochentag beginnt die Geschichte?

- [ ] am Dienstag
- [ ] am Mittwoch
- [ ] am Donnerstag

Warum läuft Leon schleppend über den Hof?

- ☐ weil er müde ist
- ☐ weil er sich beim Fußball verletzt hat
- ☐ weil er schlechte Nachrichten hat

3

Welchen Beruf hätte der Vater von Frau Balke nicht ausüben können?

- ☐ Zugführer
- ☐ Buchhändler
- ☐ Bademeister

Training mit Hindernissen

Um spätestens 15:00 Uhr hätten sich alle 24 Schülerinnen und Schüler der Klasse 4b auf dem Schulsportplatz einfinden sollen. Inzwischen war es bereits zwanzig nach drei, und es waren gerade mal 17 gekommen, von denen fünf noch nicht für das Training umgezogen waren und zwei noch nicht einmal ihre Sportsachen mitgebracht hatten. Sogar von den Jungs fehlten noch drei, und es waren nicht die schlechtesten Spieler. Moritz gehörte auch zu ihnen!

„Wollen wir trotzdem anfangen?“, schlug Lea vor.
„Wieso wir?“, fragte Leon. „Ich bin der Mannschaftskapitän! Ich leite das Training.“
„Du bist der Mannschaftskapitän von den Jungs“, stellte Lea klar. „Uns Mädchen hast du gar nichts zu sagen.“

Leon konnte kaum glauben, was er da hörte. Das war so ..., so ... – dumm! Aber das behielt er natürlich lieber für sich.
„Es kann nur einen geben“, sagte er stattdessen ruhig, aber sehr entschlossen.
„Ein Mannschaftskapitän für alle, und der hat auch das Sagen.“
Lea gab nach.
„Okay“, stimmte sie zu.
„Aber die Mannschaft stellen wir gemeinsam auf.“
„Einverstanden“, sagte Leon und konnte endlich mit dem Training beginnen.

Am Anfang ließ Leon seine Mitschüler ein bisschen mit dem Ball kreuz und quer über den Platz laufen, damit die Muskeln langsam warm wurden. Das machte Herr Seifert, sein Vereinstrainer, auch immer so. Danach mussten sie sich dehnen und strecken und ein paar gymnastische Übungen machen. Die Mädchen klagten darüber genauso wie die Jungs. Dieser Teil des Fußballtrainings war wohl überall auf der Welt der unbeliebteste!

Nach dem Aufwärmprogramm hätten eigentlich einige technische und taktische Übungen folgen sollen. Flanken schlagen, Freistöße üben, genaue Pässe spielen. Da Leon aber überhaupt nicht wusste, was die einzelnen Mädchen schon konnten und was nicht, beschloss er, das eigentlich abschließende Fußballspiel ausnahmsweise einmal vorzuziehen.

„Wir Jungs gegen die Mädchen!“, rief Enrico sofort.
Aber Leon hatte einen anderen Plan.
„Wir wählen zwei gemischte Mannschaften“, sagte er. „Ich spiele nicht mit, sondern beobachte euch nur, damit ich nachher besser entscheiden kann, wer auf welcher Position spielt.“

Lea räusperte sich und sah ihn streng an.
„Äh – wir!“, verbesserte Leon sich sofort.
„Damit *wir* das besser entscheiden können.
So, wer möchte wählen?“
Drei Jungs und ein Mädchen meldeten sich.
Doch bevor Leon bestimmen konnte, wer von den Vieren die beiden Mannschaften wählen durfte, wurde er von Felix unterbrochen.
„Moment mal“, rief er. „Habe ich das eben richtig verstanden? Es kann sein, dass nicht ich, sondern ein Mädchen im Mittelfeld spielt?!“
„Na ja …“, sagte Leon. Er hob die Schultern, als wollte er sagen: Was soll ich denn tun, ich habe die Regeln doch nicht gemacht!

„Okay, das war's“, sagte Felix. „Ich mache nicht mehr mit. Unsere besten drei Spieler fehlen, und dann müssen auch noch Mädchen mitspielen – Mann, da haben wir gegen die 4a doch eh keine Chance!“
„Ohne dich ist sie doch noch kleiner!“, sagte Leon, doch Felix ließ sich nicht mehr aufhalten. Er stapfte vom Platz, und ihm folgten auch noch Enrico, Tim und sogar zwei Mädchen!
„Und jetzt?“, fragte Leon resigniert.
„Jetzt sind wir immer noch zu zwölft“, sagte Ökmen. „Reicht das nicht?“
„Doch, im Prinzip schon“, sagte Leon. „Beim Turnier wird mit 7er-Mannschaften gespielt. Aber wir brauchen einen guten Torwart, mindestens vier Abwehrspieler, fünf oder sechs Mann für das Mittelfeld und zwei oder drei Stürmer.“
„Das würde reichen“, sagte Kadir, der mitgezählt hatte.
„Von der Anzahl schon“, sagte Leon.

„Aber wir brauchen auch Qualität!"
„Heißt das, wir geben auf?", fragte Lea.
„Noch nicht", sagte Leon. „Aber es macht auch keinen Sinn, heute noch länger zu trainieren."
„Und was willst du stattdessen tun?", fragte Max. „Nach Hause laufen und heulen?"
„Ganz bestimmt nicht!", entgegnete Leon scharf. „Wir haben nur eine Chance: Wir müssen diejenigen, die heute nicht zum Training gekommen sind, davon überzeugen, dass wir sie brauchen."

„Ich glaube nicht, dass Frau Balke uns morgen schon wieder eine Klassenstunde gibt", zweifelte Lea.
„Ich auch nicht", sagte Leon. „Und deshalb werden wir noch heute zu jedem einzelnen nach Hause gehen und denen was vorheulen! Du gehst zu den Mädchen, und ich übernehme die Jungs."
„Oh nein", sagte Lea. „Ich will hören, was du deinen Jungs versprichst. Wir gehen zusammen!"

Am nächsten Morgen versuchte Leon mit allen Tricks, die er kannte, seine Eltern davon zu überzeugen, dass er nicht zur Schule gehen konnte. Er täuschte alle möglichen Krankheiten vor, bis hin zu Schweißfüßen und Haarbruch. Aber natürlich ließen sich Mama und Papa nicht darauf ein.

Widerwillig ging Leon zur Schule, und es wurde genau so schlimm, wie er befürchtet hatte. „Liebespaar, küsst euch ma'", war noch der harmloseste Spruch, den er sich anhören musste! Und es tröstete ihn kein bisschen, dass Lea von den Mädchen auch solche Gemeinheiten an den Kopf geworfen bekam. „Verräterin" wurde sie genannt, und das alles nur, weil sie tatsächlich überall zu zweit aufgetaucht waren.

Viel erreicht hatten sie damit allerdings nicht. Kein Junge und kein Mädchen hatten sich überzeugen lassen.

„Wollen wir heute Nachmittag trotzdem trainieren?“, fragte Lea.
„Jetzt erst recht!“, sagte Leon trotzig.
Und sie trainierten! Alle zwölf Jungs und Mädchen vom Mittwoch waren wiedergekommen. Sie wollten so viel wie möglich lernen, um am nächsten Tag gut Fußball zu spielen. Aber leider waren die meisten nicht gut genug. Selbst die einfachsten Übungen schafften sie nicht.
So viele Spieler wie an diesem Nachmittag hatte Leon noch nie auf einmal über den Ball stolpern sehen.

Nach einer Stunde beendete er das Training.
„Wir haben keine Chance“, sagte er. „Aber wir werden sie nutzen, und vielleicht gelingt uns das, was viele kleine Vereine im DFB-Pokal auch schon geschafft haben:
ein Sieg gegen einen übermächtigen Gegner!“

Lese-Rallye: Teil 3

1

Wie viele Mädchen fehlen beim ersten Training?

- ☐ drei
- ☐ vier
- ☐ fünf

2

Wie nennt man den Trainingsteil, bei dem der Sportler langsam läuft, sich streckt und dehnt?

- ☐ Aufwärmübungen
- ☐ technisches Training
- ☐ taktisches Training

Warum läuft Felix davon?

- [ ] Er wird in der Mannschaft nicht gebraucht.
- [ ] Er sieht für die 4b keine Chance zu gewinnen.
- [ ] Er hat Angst vor Mädchen.

3

Was hilft am ehesten gegen Haarbruch?

- [ ] ein Gips
- [ ] ein Verband
- [ ] ein Friseurbesuch

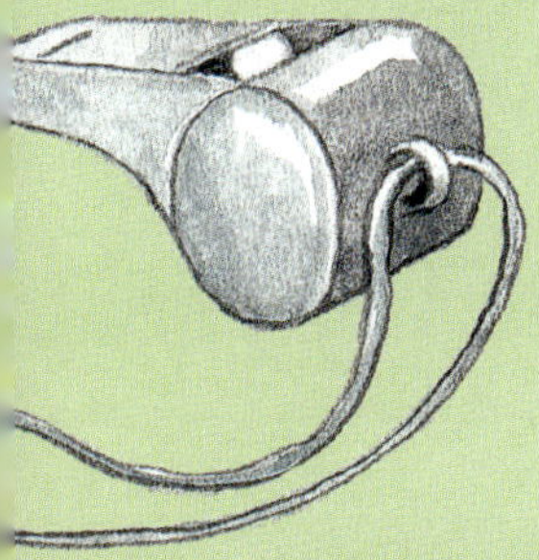

Das Entscheidungsspiel

Der Tag des großen Entscheidungsspiels gegen die 4a war gekommen. Es sollte in der dritten Stunde ausgetragen werden.

In den ersten beiden Stunden bekam Leon absolut nichts davon mit, was die Lehrer vorn an der Tafel erzählten. Zum Glück wussten aber alle von dem bevorstehenden Fußballspiel und waren deshalb sehr verständnisvoll. Ganz im Gegensatz zu Leons ehemaligen Freunden! Bis zum Schluss hoffte er darauf, dass zumindest Moritz es sich noch anders überlegen könnte. Ohne den reaktionsschnellen Torwart waren die Chancen gegen die Parallelklasse noch nicht mal mehr unter dem Mikroskop zu erkennen!

Doch Leon hoffte vergeblich!

Die zweite Stunde war schon seit fünf Minuten zu Ende, und außer den sieben Mädchen und vier Jungs, die am Donnerstag mittrainiert hatten, war keiner aus der Klasse auch nur für eine Sekunde in der Nähe der Turnhalle gewesen.

Lea steckte den Kopf zur Tür heraus.
„Jetzt komm endlich rein und zieh dich um“, sagte sie zu Leon. „Das Spiel wird in zehn Minuten angepfiffen und auf dich können wir nicht auch noch verzichten!“
Leon nickte und griff schnell nach seinem roten T-Shirt und der schwarzen Fußballhose. Rot und schwarz, auf diese Farben hatten sie sich geeinigt. Das wussten alle aus der Klasse.
Leon hoffte immer noch, als die Spieler der 4b die Turnhalle verließen.

Kurze Zeit später erlosch allerdings auch der allerletzte Hoffnungsschimmer. Alle Klassen hatten in der dritten Stunde frei bekommen, damit sich jeder das Spiel ansehen konnte. Schließlich ging es um nicht weniger als die Entscheidung, wer die Schule beim größten Fußballturnier der Stadt vertreten sollte. Und unter den mehr als 200 Schülern, die sich rund um den Platz verteilt hatten und beide Klassenmannschaften mit Beifall begrüßten, entdeckte Leon auch die übrigen Mitglieder der Klasse 4b!

Sie standen, ordentlich getrennt nach Jungs und Mädchen, in Höhe der Mittellinie, und genau so unterstützten sie auch ihre Mannschaft: Die Mädchen kreischten und schrien nur, wenn ein Mädchen aus der 4b am Ball war, und die Jungs feuerten ausschließlich die Jungs an.

Es war idiotisch,
was ihre Mitschüler
am Spielfeldrand
veranstalteten.
Aber auf dem Rasen
ließen sich einige
von dieser Idiotie
auch noch
anstecken!

Für die 4b spielte Jule im Tor. Sie war nicht besonders sprungstark und hatte sogar ein bisschen Angst, sich beim Hinfallen wehzutun. Aber sie war die Einzige, die überhaupt bereit gewesen war, sich ins Tor zu stellen.
In der Abwehr spielten Ökmen und Max, im Mittelfeld Lea, Kadir und Annika, und als einzige Spitze hatte Leon sich selbst aufgestellt.

Auf dem Platz standen also drei Mädchen und vier Jungs. Und was machte Jule? Nachdem sie eine Flanke gut aus der Luft gepflückt hatte, musste sie den Ball unbedingt zu Lea werfen. Obwohl mit Ökmen und Kadir gleich zwei Mitspieler besser standen. Aber Jule wollte den Ball eben nicht zu einem Jungen spielen!

Leider war Jule noch nicht einmal die einzige. Annika versuchte ebenfalls immer zuerst, den Ball zu Lea zu spielen. Und auch Kadir wollte den Ball lieber in den eigenen Reihen halten, bei den Jungs!

Das geht nicht lange gut, dachte Leon, und er behielt recht. Die Spieler der 4a waren nicht besser als Leon und seine Mitspieler. Aber sie waren motivierter und hatten vor allem keine Probleme, mit Jungs und Mädchen in einem Team zusammen zu spielen.
Es kam schließlich, wie es kommen musste!

Von der Mittellinie aus beobachtete Leon, wie wenige Minuten vor dem Halbzeitpfiff zwei Spieler aus der 4a mit wenigen Doppelpässen und kurzen Zwischensprints die Abwehr der 4b ausspielten und zum lautstark umjubelten 1:0 einschossen.

„Habt ihr das gesehen?!“ Leon stemmte die Hände in die Hüften und schrie seine Mitspieler an. „Habt ihr genau hingeschaut? Das waren ein Junge und ein Mädchen! Sie haben zusammengespielt, und sie haben gut zusammengespielt! Sehr gut sogar! Sie führen jetzt nämlich mit 1:0! Verdammt noch mal!“

Herr Slowinski, der Sportlehrer, der die Partie als Schiedsrichter leitete, pfiff und ermahnte Leon.

„Auf meinem Platz wird nicht geflucht.“

„Das ist nicht Ihr Platz, er gehört der Schule“, antwortete Leon, ohne auch nur eine einzige Sekunde darüber nachzudenken, und wurde dafür vollkommen zu Recht von Herrn Slowinski für fünf Minuten vom Platz gestellt!

Auch das noch! Leon schlich unter dem höhnischen Beifall der Mädchen vom Platz, während die Jungs ihn für die Hinausstellung lautstark bedauerten.
„Es bringt eben nichts, mit Mädchen zu spielen“, sagte Moritz. „Hoffentlich siehst du das jetzt endlich ein.“
Es reichte! Leon fuhr wütend herum und baute sich vor seinem ehemals besten Freund auf.
„Ich soll etwas einsehen?“, schrie er ihn an.
„Ich? Wenn hier einer was begreifen muss, dann bist du das, Moritz. Und ihr anderen genauso. Wir geben uns auf dem Platz alle Mühe. Und was macht ihr? Einige feuern uns an, die anderen pfeifen uns aus. Je nachdem, ob gerade ein Junge oder ein Mädchen am Ball ist. Merkt ihr eigentlich gar nicht, wie dumm das ist?!“
Moritz sah ihn an – und lachte!
Doch plötzlich bekam Leon unerwartete Hilfe.
Lea hatte nämlich den Platz verlassen, obwohl noch gar keine Halbzeit war, und stellte sich neben ihm auf.

„Ihr seid vielleicht doof", sagte sie zu ihren Mitschülern. „Und außerdem habt ihr Unrecht. Leon und ich sind gar kein Liebespaar. Aber wir hassen uns auch nicht, nur weil er ein Junge ist und ich ein Mädchen. Wir wollen nur zusammen Fußball spielen, und zwar mit der besten Mannschaft, die unsere Klasse hat. Weil wir an dem Turnier teilnehmen wollen. Und dafür würden wir alles tun. Sogar uns küssen!"
Mit diesen Worten packte sie den vollkommen verdutzten Leon am T-Shirt, zog ihn zu sich heran und drückte ihm einen dicken Kuss mitten auf den Mund!
Alle starrten die beiden an.
Herr Slowinski pfiff zur Halbzeit, obwohl noch mindestens zwei Minuten zu spielen waren. Doch für das Fußballspiel interessierte sich im Moment sowieso niemand!

Lese-Rallye: Teil 4

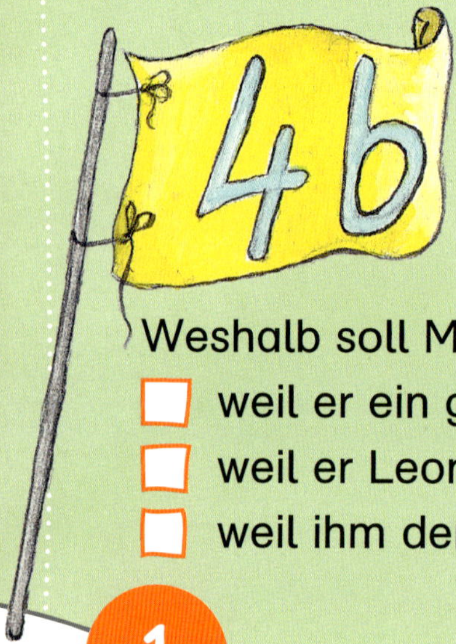

Weshalb soll Moritz unbedingt mitspielen?

- ☐ weil er ein guter Torwart ist
- ☐ weil er Leons bester Freund ist
- ☐ weil ihm der Ball gehört

1

2

Wieso wird Leon vom Platz gestellt?

- ☐ weil er flucht
- ☐ weil er dem Schiedsrichter eine patzige Antwort gibt
- ☐ weil er Moritz anschreit

Warum gibt Lea Leon einen Kuss?

☐ weil sie ihn liebt

☐ weil sie ihm den Kaugummi aus dem Mund klauen will

☐ weil sie den anderen aus der Klasse etwas klarmachen will

3

Die Chance zu gewinnen ist ...

☐ mikroknospisch klein.

☐ mikrokosmisch klein.

☐ mikroskopisch klein.

Kuss, Schuss und Sieg!

Leon hätte sich am allerliebsten vor Scham in Luft aufgelöst! Von einem Mädchen geküsst zu werden, auf den Mund, und dann auch noch auf einem Fußballplatz – wie peinlich war das denn?! Kein Wunder, dass die anderen ihn auslachten.
Aber seltsamerweise hörte er keinen einzigen Menschen lachen!

Leon traute sich und hob seinen Kopf. Tatsächlich. Zwar starrten ihn alle an, aber niemand machte sich über ihn lustig. Ganz im Gegenteil! In den meisten Blicken lag eher so etwas wie – Bewunderung!

Moritz war der erste, der aussprach, was offenbar alle dachten.
„Du bist echt der Größte, Leon, weißt du das?“, sagte er und klang dabei wirklich schwer beeindruckt. „Wir scheißen uns beinahe vor Angst in die Hosen, nur weil wir mit ein paar Mädchen Fußball spielen sollen, und du lässt dich sogar von Lea küssen! Für die Mannschaft. Für die ganze Klasse. Für unser Fußballturnier!“
„Ja, ja“, sagte Leon. „Jetzt komm mal wieder runter. Noch haben wir nämlich gar nichts erreicht. Die 4a führt, und wir haben nur noch 20 Minuten Zeit, das Spiel zu drehen. Dafür brauchen wir aber eine andere Mannschaft.“
„Ich bin dabei“, sagte Moritz, und alle anderen meldeten sich ebenfalls. Auch die Mädchen.

In der zweiten Halbzeit sah das Spiel auf einmal ganz anders aus. Lea und Leon waren die einzigen aus der Startelf, die auch weiterhin noch mitspielten.

Im Tor stand jetzt Moritz. Anders als Jule wusste er instinktiv, wann er rauslaufen oder auf der Linie kleben bleiben musste und gab der Mannschaft so die nötige Sicherheit. Auch die anderen Mannschaftsteile waren im zweiten Durchgang ganz anders besetzt und damit viel durchschlagskräftiger. Das spürten auch die Zuschauer, die vom Rest der 4b unermüdlich angepeitscht wurden. Die wenigen Fans der 4a hatten nichts mehr zu feiern!

Vor allem Leon wuchs über sich hinaus. Er war sowieso schon ein guter Fußballer, aber in diesem Spiel begann er zu zaubern. Alles, was er sich vornahm, funktionierte. Jeder Pass kam an, jedes Dribbling klappte und seine Schüsse trafen das Ziel!

Den Ausgleich bereitete Leon mustergültig vor. Er hatte sich bis zum Strafraum der 4a durchgetankt und sah aus den Augenwinkeln, dass nur ein Mitspieler mitgelaufen war. Lea! Ohne hinzuschauen wusste er, wohin sie laufen würde und spielte ihr den Ball butterweich und ganz genau in den Lauf. Lea brauchte nur noch abzuziehen, und der Ball landete zum 1:1 in den Maschen!

Den Siegtreffer zum 2:1 erzielte Leon ganz allein. Im Mittelfeld lief er in einen schwachen Pass des Gegners und eroberte den Ball. Er täuschte links an, zog rechts vorbei, tunnelte den nächsten Gegner, zündete beim dritten den Turbo und drang ungehindert in den Strafraum ein. Der Torwart hatte gegen seinen satten Schuss keine Abwehrmöglichkeit! Nach dem Abpfiff lagen sich alle jubelnd in den Armen. Jungs und Mädchen, alles bunt gemischt.

„Unsere Schule hat einen würdigen Vertreter beim Turnier aller 4. Klassen in unserer Stadt“, rief Herr Kolb, und alle klatschten. Selbst die Spieler der 4a, die sich als faire Verlierer erwiesen.

„He, Leon, so stark, wie du eben gespielt hast – da habe ich doch mal eine Frage“, sagte Moritz geheimnisvoll, als sich die 4b wieder vor der Turnhalle traf.
„So ein Kuss – ist das eigentlich Doping? Wenn ja, würde ich mich vor dem nächsten Spiel nämlich auch küssen lassen!“

„Iiieh! Wer sollte dich denn küssen?!“, rief Lea und lachte.

Sie sah dabei so süß aus, dass Leon sich ganz fest vornahm, sie zu fragen, ob sie ihn noch einmal küssen würde. Auch ohne Fußball.

Vielleicht würde er sie nicht gleich morgen fragen. Vielleicht noch nicht einmal, wenn sie das Turnier gewonnen hatten. Aber irgendwann, irgendwann einmal würde er sich ganz bestimmt trauen …!

Lese-Rallye: Teil 5

Wie lang dauert das Klassenspiel?

- ☐ 20 Minuten
- ☐ 40 Minuten
- ☐ 60 Minuten

1

2

Wie viele Spieler hat die 4b zu Beginn der zweiten Halbzeit ausgewechselt?

- ☐ zwei Spieler
- ☐ vier Spieler
- ☐ fünf Spieler

Warum will Moritz sich angeblich vor dem nächsten Spiel auch küssen lassen?

- [ ] weil er auch so gut Fußball spielen möchte wie Leon
- [ ] weil er auf Leon neidisch ist
- [ ] weil er plötzlich Mädchen mag

3

Leon schämt sich.
Welcher Satz passt nicht?

- [ ] Leon hätte sich am liebsten in Luft aufgelöst.
- [ ] Leon wäre am liebsten im Boden versunken.
- [ ] Leon wäre am liebsten in die Luft gegangen.

Lösungen

Lese-Rallye: Teil 1

1. Erdbeermarmelade
2. weil er ohne Zeitung nicht frühstücken kann
3. der erste Preis des Turniers

den Fußball

Lese-Rallye: Teil 2

1. sechs (drei Mädchen je Mannschaft)
2. am Mittwoch
3. weil er schlechte Nachrichten hat

Buchhändler (der braucht keine Trillerpfeife)

Lese-Rallye: Teil 3

1. vier (24 Kinder sind in der Klasse, 17 kommen zum Training. Es fehlen sieben, davon sind drei Jungs.)
2. Aufwärmübungen
3. Er sieht für die 4b keine Chance zu gewinnen.

ein Friseurbesuch

Lese-Rallye: Teil 4

1. weil er ein guter Torwart ist
2. weil er dem Schiedsrichter eine patzige Antwort gibt
3. weil sie den anderen aus der Klasse etwas klarmachen will

mikroskopisch klein

Lese-Rallye: Teil 5

1. 40 Minuten (2 mal 20 Minuten)
2. fünf Spieler
3. weil er auch so gut Fußball spielen möchte wie Leon

Leon wäre am liebsten in die Luft gegangen.

Die kleinen Lesedrachen – Lesen lernen mit dem Schulbuchprofi.

Mit Sachwissen-Poster von GEOlino

1. Schuljahr für Leseanfänger:

- kurze, gegliederte Zeilen
- extra große Fibelschrift
- hoher Bildanteil

2. Schuljahr für Erstleser:

- längere Zeilen
- große Fibelschrift
- viele Bilder

3. Schuljahr für fortgeschrittene Leser:

- längere Texte
- Fibelschrift
- textbegleitende Bilder

Die kleinen Lerndrachen – Lernen mit System

üben

Übungsbücher mit dem kompletten Stoff eines Fachs pro Schuljahr.

nachschlagen

Der komplette Stoff der Grundschulzeit zum Nachschlagen plus zahlreiche Übungen auf CD-ROM.

testen

Testblock: Zahlreiche Testaufgaben mit Quizcharakter plus Lösungen und ausführlicher Auswertung.

Liebe Eltern,

Sie haben sich für ein Buch der **kleinen Lesedrachen** entschieden. Eine gute Wahl, denn mit diesen Erstlesebüchern des Schulbuchprofis Klett unterstützen Sie optimal den Leselern-Prozess Ihres Kindes.
Lesen als Basiskompetenz muss immer wieder trainiert und gefördert werden, damit Ihr Kind zu einem selbstbewussten und kompetenten Leser wird. Dabei darf es jedoch weder überfordert noch abgeschreckt werden.
Die kleinen Lesedrachen bieten Ihrem Kind eine motivierende Rundum-Leseförderung: **Lesen – Verstehen – Wissen und Handeln**. Ihr Kind erfährt durch Erfolgserlebnisse Lesen positiv und anregend und wird so zunehmend zum Lesen verführt.

LESEN

Die spannenden Geschichten der kleinen Lesedrachen fördern die Leselust:

- Geschichten und Themen entsprechen den Interessen und Vorlieben der Kinder.
- Kindgerechte Illustrationen unterstützen und ergänzen den Text.
- Verschiedene Lesestufen bieten den passenden Lesestoff für Leseanfänger bis zum fortgeschrittenen Leser.

Lesestufen

3. Schuljahr **für fortgeschrittene Leser**
längere Texte, Fibelschrift, textbegleitende Bilder,
komplexe Geschichten, 48 Seiten

2. Schuljahr **für Erstleser**
längere Textabschnitte, längere Zeilen, große Fibelschrift, viele Bilder,
komplexere Geschichten, 32 Seiten

1. Schuljahr **für Leseanfänger**
kurze Textabschnitte, kurze – nach Sinnabschnitten – gegliederte Zeilen,
extra große Fibelschrift, hoher Bildanteil,
einfache, klar strukturierte Geschichten, 32 Seiten

Erfolgserlebnis: Ich kann lesen!

Das Lesen eines ganzen Kapitels, gar eines ganzen Buches macht Ihr Kind stolz. Dabei können die beschriebenen Lesestufen nur ein Anhaltspunkt sein. Wichtig ist, Ihr Kind nicht zu überfordern und es – eventuell auch mit einem Buch einer niedrigeren Lesestufe – zum Lesen zu motivieren.